Offenbach

Hans-Georg Ruppel

OFFENBACH

Bewegte Zeiten - Die 50er Jahre

Wartberg Verlag

Bildnachweis: Gebr. Metz S. 6; Unbekannt/Stadtarchiv: S. 7, 11, 16, 26, 29, 38, 46, 49, 51, 61, 62; Latzke: S. 8; H. Stock: S. 9, 13, 17, 20, 21, 28, 29, 31, 32, 33, 37, 39, 41, 42, 43, 50, 56, 57, 63, 67,71; L. Kleinhans: S. 10, 12; H. Meisert: S. 14, 19, 23, 36, 48, 52, 53, 58, 59, 64, 70; K.Boese: S. 15; G. Wegemann: S. 18, 72; Kochmann: S. 23; M. Göllner: S. 24/25; H. Schmiedel: 27; Dr. Wolff & Tritschler: 30, 40; Apotheke Zum Löwen: S. 34, 35; K. Röhrig: S. 44, 45; A. Seeger: S. 47; Schröder: S. 54, 55; „Kickers" Offenbach: S. 60; MSO-Werke AG: 65; Slg. Krafft/Köhler: 66, 69; F. Kurt: 68

1. Auflage 1995
Alle Rechte vorbehalten, auch die des auszugsweisen Nachdrucks und der fotomechanischen Wiedergabe.
Druck: Werbedruck Horst Schreckhase GmbH, Spangenberg
Buchbinderische Verarbeitung: Fikentscher, Darmstadt
© Wartberg Verlag Peter Wieden
34281 Gudensberg-Gleichen, Im Wiesental 1
Tel.: 05603/4451 u. 2030
ISBN 3-86134-265-0

Vorwort

Offenbach, 977 erstmals urkundlich erwähnt, lag Jahrhunderte im Schatten des Handelsverkehrs zwischen Nürnberg und Frankfurt. Eine gewisse Bedeutung erlangte es, als die Birsteiner Linie des Hauses Isenburg die Herrschaft über den Ort erhalten hatte und Graf Reinhard 1556 mit dem Neubau eines Schlosses begann. Damit wurde Offenbach ein, wenn auch kleiner, Verwaltungsmittelpunkt.

Erst während der Regierungszeit des Grafen Johann Philipp zu Isenburg von 1685 bis 1718 wurden die Grundlagen für eine erfolgreiche wirtschaftliche Entwicklung gelegt. Der Landesherr erkannte, daß er sein relativ kleines Territorium, das durch den Dreißigjährigen Krieg und dessen Folgen völlig verarmt war, nur durch gezielte bevölkerungs- und wirtschaftspolitische Maßnahmen beleben konnte.

1705 erhielten die aufgenommenen Hugenotten weitreichende Privilegien und nur drei Jahre später wird auch den in Offenbach ansässigen Juden die Erlaubnis erteilt, eine Synagoge zu bauen und einen Begräbnisplatz anzulegen, beides Voraussetzungen für die Bildung einer selbständigen Gemeinde. Damit einher ging eine erste größere Stadterweiterung: 1702 wurden die Frankfurter Straße, der Markt, die Große Marktstraße und der Große Biergrund angelegt, 1708 folgten die Kleine Marktstraße und der Kleine Biergrund.

Graf Johann Philipp und seine Nachfolger verfolgten eine gewerbefreundliche Politik zu betreiben, die u. a. in der Vergabe von Privilegien bei Firmengründungen bestanden. Beispiele dafür waren die Gebr. Bernard mit der Herstellung von Schnupftabak (1733) oder die Fayencemanufaktur des Philipp Friedrich Lay (1739). Mit der prosperierenden Stadt wuchs die Bevölkerung, so von knapp 1.000 Einwohnern zu Beginn des 18. Jahrhunderts auf über 5.000 an der Wende vom 18. zum 19. Jahrhundert.

1816 wurde Offenbach, zusammen mit dem Fürstentum Isenburg-Birstein, Teil des Großherzogtums Hessen-Darmstadt, erhielt 1821 eine Handelskammer und wurde die „Industriestadt". Der Weg führte weg vom Textilgewerbe hin zum Leder (Ledererzeugung und -verarbeitung), zum Maschinenbau oder zur chemischen Industrie. 1828-1835 wurde die Frankfurter Messe in Offenbach abgehalten und 1848 erhielt die Stadt mit der Lokalbahn eine Schienenverbindung nach Frankfurt-Sachsenhausen. Die Einwohnerzahl betrug 1850 11.000 Personen und 1900 waren es 50.000. 1879 wurde die Hessische Landesgewerbeausstellung mit 692 Ausstellern abgehalten; seit 1884 fuhr die Straßenbahn vom Offenbacher Mathildenplatz zur Mainbrücke in Frankfurt-Sachsenhausen. 1887 wurde das Stadtbad, eines der ersten Hallenbäder in Deutschland, eröffnet und im gleichen Jahr konnte der Verkehr über die neue Mainbrücke Richtung Norden fließen.

1894 wurde mit dem Stadtkrankenhaus eine der modernsten Krankenanstalten ihrer Bestimmung übergeben. 1902 wurden Hafen, Industriebahn und Elektrizitätswerk eröffnet und 1904 der Schlachthof in Betrieb genommen. 1930 zählte man 81.000 Einwohner. Am Ende des Zweiten Weltkrieges lagen 40% der Offenbacher Gebäude in Schutt und Asche, die Einwohnerzahl war auf unter 50.000 gesunken. Am 26. März 1945 nahmen der von der amerikanischen Militärregierung eingesetzte kommissarische Oberbürgermeister Fritz Reinicke und am 3. Mai des gleichen Jahres der "Beratende Ausschuß" ihre Arbeit auf. Hauptanliegen waren zunächst die Sicherstellung der Ernährung, die Wohnungslage und die soziale Fürsorge, erst dann konnte man darangehen, die durch die Zerstörungen frei gewordenen Flächen einer neuen Bestimmung zuzuführen.

In der ersten Phase der Wiederaufbauplanung stand der Wohnungsbau im Vordergrund. Neue Wohngebiete wurden erschlossen (z. B. Carl-Ulrich-Siedlung, Vorderwaldsiedlung, Rosenhöhe) und im Jahre 1954 konnte Offenbach in den Kreis der Großstädte aufgenommen werden. Für den Verkehr wurde eine Ost-West-Achse geschaffen, die die Altstadt durchschnitt und von der Kaiserstraße nach Westen die Trasse der ehemaligen Lokalbahn benutzte.

Als Berliner Straße wurde diese „Durchbruchstraße" 1962 dem Verkehr übergeben. Parallel dazu verlief die Ausbauplanung innerstädtischer Verkehrsringe; 1957 erhielt Offenbach einen Anschluß an die Autobahn Frankfurt-Würzburg. Die Mittelpunktstellung Offenbachs in verwaltungsmäßiger Hinsicht wurde unterstrichen durch den Bau der Gebäude der Bundesmonopolverwaltung für Branntwein (1954), des Zentralamtes des Deutschen Wetterdienstes (1958) oder der Industrie- und Handelskammer (1959).

Dem Offenbacher Schulwesen wurden die Neubauten der Waldschule (1951), der Friedrich-Ebert-Schule an der Mühlheimer Straße (1952), der Beethovenschule (1954) und des Rudolf-Koch-Gymnasiums (1957) zur Verfügung gestellt; 1954 konnten nach umfangreichen Umbauten wieder Aufführungen im „Theater an der Goethestraße" stattfinden. Weitere kulturelle Einrichtungen wurden mit dem neu eingerichteten Klingspor-Museum (1953) und dem neugeschaffenen Domizil für die Stadtbücherei in der Herrnstraße (1952) der Öffentlichkeit zur Verfügung gestellt. Nach und nach wurden die Gotteshäuser der Kirchengemeinden, die bis auf die der französisch-reformierten Gemeinde im Krieg beschädigt oder zerstört worden waren, wieder auf- bzw. neu gebaut und 1956 erhielt die jüdische Gemeinde eine neue Synagoge in der Kaiserstraße. Der Plan von Grünverbindungen vom Main her bis tief in den Stadtkern hinein wurde gefaßt und 1959 wurde mit dem Lili-Park und dem darin stehenden Metzler'schen Badetempel ein Kleinod der Öffentlichkeit zugänglich gemacht.

Die Fotos zeigen Offenbachs Weg aus den Trümmern von Krieg und früher Nachkriegszeit in die Fünfziger Jahre. Sie sollen die Erinnerung der älteren Offenbacherinnen und Offenbacher auffrischen und den Neubürgern einen Einblick in das Jahrzehnt bieten, in dem Offenbach die „Junge Großstadt" genannt wurde.

Der Blick von der Kaiserstraße in den östlichen Teil der Frankfurter Straße verdeutlicht auch Jahre nach dem Ende des Zweiten Weltkrieges das Ausmaß der Zerstörungen. Im Vordergrund rechts ist die Hessische Bank (früher Deutsche Bank) zu sehen.

Wiedereröffnung der Mainbrücke am 10. August 1947 durch Oberbürgermeister Johannes Rebholz (vorn) und Offiziere der amerikanischen Militärregierung. Nachdem der 1887 eingeweihte Bau der Last des Verkehrs nicht mehr gewachsen war, wurde er in den Jahren 1933/34 umgebaut. Am 25. März 1945 sprengten deutsche Truppen die Brücke und über 2 Jahre diente ein Fußgängersteg als Provisorium. Nach dem Abschluß eines größeren Umbaus trägt sie seit 1953 den Namen „Carl-Ulrich-Brücke".

Foto oben: Die Offenbacher Rudergesellschaft „Undine" (gegründet 1876) hatte ihr Bootshaus ursprünglich auf der Offenbacher Mainseite. Erst im Jahre 1903 wurde das neue Vereinsheim mit dem alles überragenden Turm auf dem Fechenheimer Ufer eingeweiht.

Foto rechts: Fähre am Isenburger Schloß zum Fechenheimer Ufer. Nachdem 1887 die neue Mainbrücke flußabwärts ihrer Bestimmungen übergeben worden war, wurde die hölzerne Schiffbrücke am Schloß abgefahren, was einen Offenbacher zu einem wehmütigen Gedicht mit dem Titel „Die Brick is fort" inspirierte. Anstelle der festen Verbindung richtete man vom 4. Dezember 1888 ab eine Fährverbindung ein, die bis zum Jahre 1967 bestehen geblieben ist.

Foto oben: Offenbachs Wahrzeichen, das Isenburger Schloß. In den Jahren 1556-1559 errichtet, 1564 abgebrannt und danach erneut aufgebaut, erwarb es 1900 das damalige Großherzogtum Hessen-Darmstadt. Für das im Zweiten Weltkrieg stark beschädigte Gebäude wurde am 6. September 1951 das Richtfest gefeiert. Als Richtspruch dichtete man den Vierzeiler:

„Die altvertraute Silhouette
ist wieder da, die Türme stehn.
Als wenn sich nichts verändert hätte,
so wird man sie in Kürze sehn".

Foto rechts: Auf dem Hof des Isenburger Schlosses wurde an Pfingsten 1960 das Partnerschaftstreffen mit den Vertretern der Städte Puteaux (Frankreich), Bethnal Green (England), Saint-Gilles (Belgien), Esch-sur-Alzette (Luxemburg), Mödling (Österreich) und Velletri (Italien) abgehalten. Bereits seit 1955 war Offenbach mit Puteaux verschwistert; 1956 erhielten beide Städte den Europapreis für ihre Bemühungen um die Annäherung in Europa.

Fotos links und oben: Der Büsing-Hof. Die Tradition der Volkskonzerte und Theateraufführungen wurde nach dem Krieg wieder aufgenommen. Kulisse war das zerstörte Büsing-Palais, in dessen Hof am 28. Juli 1948 das erste Promenadenkonzert stattfand. Auf Einladung der amerikanischen Militärregierung (Major Sheehan) und des Offenbacher Magistrats (OB Rebholz, Stadtrat Dr. Maas) waren über 3.000 Besucher gekommen. Zum zehnjährigen Jubiläum im Jahr 1958 schrieb die „Offenbach-Post" voller Stolz, daß „Offenbach die einzige Stadt ist, die solche Konzerte noch veranstaltet". Das Foto links zeigt eine Aufführung von Zuckmayers „Katharina Knie" aus dem Jahr 1952.

Fotos oben und rechts: Offenbacher Lederwaren-Messe. Als Preußen 1828 mit dem Großherzogtum Hessen-Darmstadt einen Zollvertrag abschloß, lag die damals noch nicht beitrittswillige Freie Stadt Frankfurt außerhalb des Zollvereinsgebietes. Vom Herbst des gleichen Jahres bis 1835 trat deshalb Offenbach als Messestadt an die Stelle des großen Nachbarn. Nach diesem kurzen Intermezzo dauerte es bis zum Jahr 1949, ehe Offenbach eine diesmal dauerhaft ansässige Messe erhielt. Am 7. Oktober 1949 wurde die Ausstellung „Lederwarenindustrie und Marshallplan" im Theater an der Goethe- straße eröffnet, beschickt von 55 Firmen aus 19 Nationen. Man gründete eine Messegesellschaft und errichtete in den Folgejahren neue Ausstellungshallen. Bereits die zweite Messe vom 28. Januar bis 2. Februar 1950 lief unter dem Titel „Lederwaren-Fachmesse" und wurde von 155 Firmen beschickt.

Die Synagoge an der Goethestraße/Ecke Kaiserstraße wurde in der „Reichskristallnacht" geschändet. Da sie „nach dem Abzug der Juden aus Offenbach ihren Zweck verlor", wie die „Offenbacher Zeitung" damals zynisch schrieb, war sie 1940 in ein Filmtheater (das „National-Theater") umgewandelt worden. Nach dem Zweiten Weltkrieg wurde das Gebäude für Aufführungen und Ausstellungen benutzt. Nach größerer Umgestaltung ist 1954 daraus das „Theater der Stadt Offenbach" geworden.

Foto oben: Lili-Park mit Metzler'schem Badetempel. Das „Marmorbad am Main", wie der Badetempel im Lili-Park genannt wurde, ließ der Frankfurter Bankier Friedrich Metzler 1798 von dem französischen Architekten Salins de Montfort errichten. Die Kanalisierung des Mains mit der Aufschüttung des Mainvorgeländes und dem Bau der Mainstraße 1890-93 sowie die Weiterführung der Herrnstraße zum Maindamm 1891 bedeuteten große Veränderungen; der Garten, in dem Goethe 1775 seine Verlobte Elisabeth (Lili) Schönemann spazieren führte, wurde Ende der Fünfziger Jahre als „Lili-Park" der Offenbacher Bevölkerung zugänglich gemacht.

Foto rechts: Büsing-Park. Als der Teilhaber der Schnupftabakfabrik Gebr. Bernard, Adolf Büsing, Anfang des 20. Jahrhunderts das Wohnhaus der Bernards in das nach ihm benannte Palais umgestalten ließ, wurde auch die Gartenseite in einen repräsentativen Park verwandelt. Nachdem das Anwesen von der Stadt erworben und das Gebäude zum städtischen Rathaus wurde (1921), nahm die Bevölkerung den Park mit Löwen und Tempelchen in Besitz.

Der Forderung nach Schaffung von „Lebensräumen für Kinder" wurde bereits in den frühen Nachkriegsjahren vorbildlich Folge geleistet, wie das Beispiel des Kinderspielplatzes am Isenburgring zeigt.

Die Stadtbücherei, die im Zweiten Weltkrieg ihr historisches Domizil im Isenburger Schloß verloren hatte, erhielt 1952 im Nordflügel des Büsing-Palais eine neue Heimat. Die damals 13.000 Bände umfassende Freihandbücherei wurde bei der Eröffnung als „Hessens modernste Bibliothek" gefeiert.

Foto links: Jubiläum „100 Jahre Lokalbahn". Nach der Eröffnung des Lokalbahnverkehrs von Offenbach nach Frankfurt-Sachsenhausen 1848 stellte das Marktschiff seinen Betrieb ein. Die Lokalbahn war die erste Schienenverbindung nach Frankfurt, denn erst im Jahre 1873 wurde die Frankfurt-Bebraer-Bahn fertiggestellt. Nach der letzten Fahrt der Lokalbahn am 1. Oktober 1955 wurde der Lokalbahnhof abgerissen und seitdem gibt es in Offenbach das Kuriosum einer Bahnhofstraße ohne Bahnhof.

Foto rechts: Die Linie 16 und der August-Bebel-Ring waren für viele Offenbacher das Synonym für „Stadt- bzw. Landesgrenze", damit verbunden ganz früher für „umsteigen", später für „nachlösen".
Am 10. April 1884 fuhr die erste Straßenbahn von der Alten Brücke in Frankfurt zum Mathildenplatz nach Offenbach. Zunächst betrieben von der „Frankfurt-Offenbacher-Trambahn-Gesellschaft" (FOTG), wurde sie, neu ausgebaut, ab 1906 von den beiden Städten gemeinschaftlich betrieben und mit der Nummer 16 gekennzeichnet.

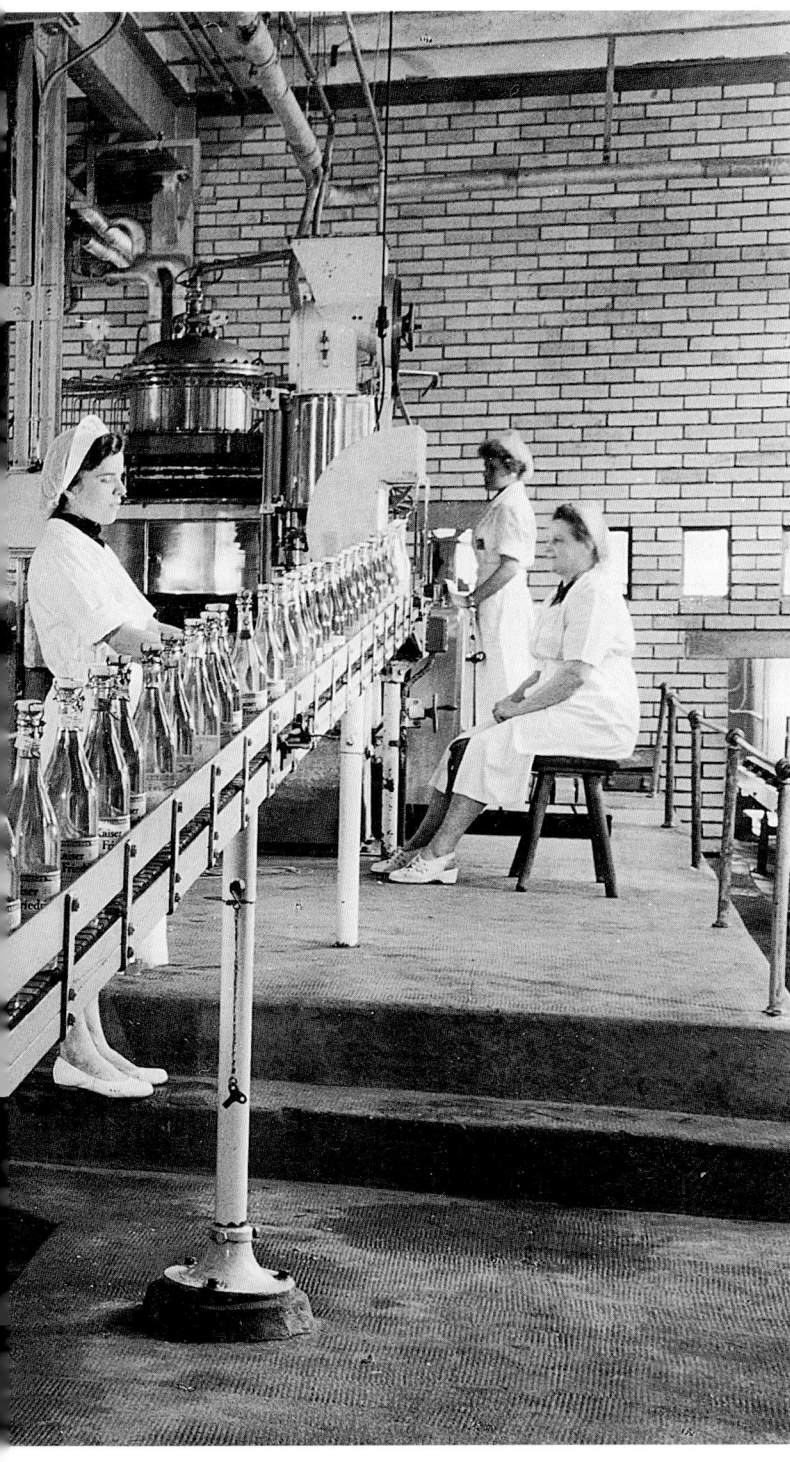

Abfüllanlage in der Kaiser-Friedrich-Quelle (1954). Im „Drei-Kaiser-Jahr" 1888 stieß der Brauereimaschinenfabrikant Adam Neubecker bei der Suche nach Wasser in 249 Metern Tiefe auf eine mineralhaltige Quelle. Analysen bestätigten einen hohen medizinischen Wert als Natron-Lithion-Quelle. Die Entdeckung eines heilkräftigen Wassers löste alsbald eine große Betriebsamkeit auf dem Firmengelände an der Ludwigstraße aus. Die Quelle, deren Wasser „in seiner Zusammensetzung Vichy, Karlsbad, Ems und ein wenig Kissingen ähnelte", wurde nach dem damaligen Regenten „Kaiser-Friedrich-Quelle" genannt; 1935 erhielt sie die staatliche Anerkennung.
Nach der fast völligen Zerstörung im Zweiten Weltkrieg entstand die Kaiser-Friedrich-Quelle aus den Trümmern wieder neu - immer begleitet von den vier Brunnengöttinnen, die noch heute eine Wand in der Eingangshalle des Unternehmens schmücken.

Stadtverordnetenvorsteher Fritz Remy (links) beglückwünscht Dr. Hans Klüber zu dessen Wahl zum Oberbürgermeister. Klüber (1902-81) war zuvor Oberstadtdirektor von Oldenburg gewesen; 1957 ging er als Stadtoberhaupt nach Ludwigshafen/Rhein.

Oberbürgermeister Georg Dietrich (rechts) und der spätere Ehrenbürger Alfred Seeger (links) bei einer Bootstaufe (in den frühen sechziger Jahren). Die Offenbacher Rudertradition geht bis auf das Jahr 1868 zurück, als für kurze Zeit der „Offenbacher Ruderclub" existierte. Danach folgte kurz hintereinander die Gründung zweier bedeutender Rudervereine („Offenbacher Ruder-Verein", 1874 und Rudergesellschaft „Undine", 1876). Die Bootshäuser befanden sich in den frühen Jahren auf der Offenbacher Mainseite, da die Mainstraße einschließlich des Vorgeländes erst nach 1890 entstanden.

Foto links: Kaiserstraße in Richtung Main mit Kreuzung Frankfurter Straße. Ein wahrhaft historischer Bereich der Innenstadt, denn etwa hier spielten sich in den Jahren 1828-35 die Messe-Aktivitäten ab. Im Vordergrund ist noch eine Tankstelle zu erkennen und ein Straßenbahnzug der Linie 27. Letztere fuhr noch bis zum 3. November 1963, dann erfolgte die Umstellung auf Busse.

Foto rechts oben: Winterlicher Anblick der Kirche St. Paul an der Kaiserstraße. Die Pfarrei ist Offenbachs älteste und größte katholische Gemeinde. Der Vorgängerbau wurde im Jahre 1828 geweiht. Nach der Zerstörung 1943 erfolgte der Wiederaufbau 1953.

Foto oben rechts außen: Y-Haus. Wie der Name verrät, ähnelt das Gebäude Ecke Rathenau- und Luisenstraße einem Y. Von der Nassauischen Heimstätte errichtet, wurde es beim Richtfest im Oktober 1954 als das „erste Ypsilon-Haus Westdeutschlands" gefeiert. „An Komfort werden Fahrstuhl, Müllschlucker und Ölheizung geboten" schrieb damals die „Offenbach-Post".

Foto rechts unten: „Von Hand" wurde der Verkehr noch geregelt, auch wenn man für den Verkehrspolizisten 1958 zur Messe eine Verkehrsinsel anschaffte.

PHONO
FERNSPRECHER
TAXI

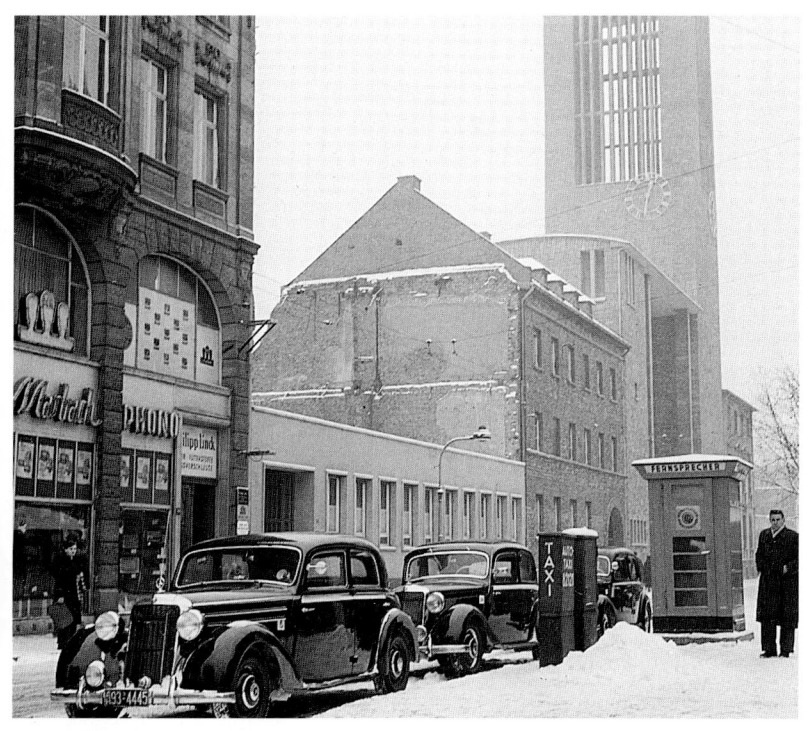

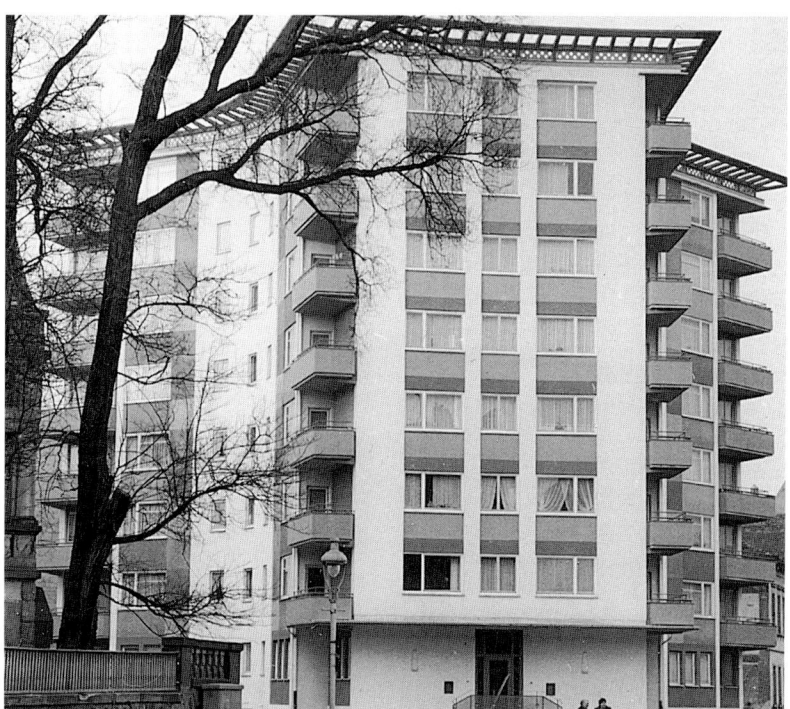

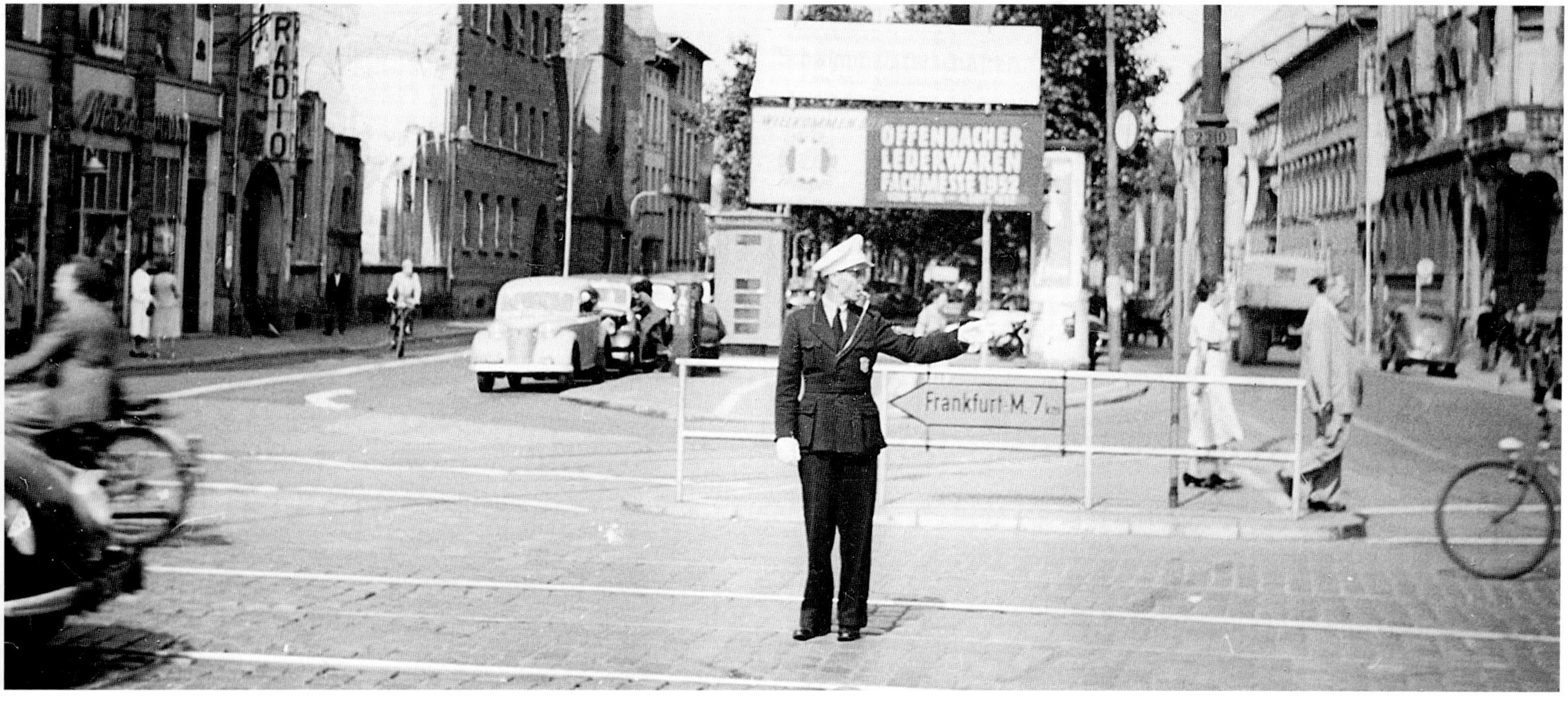
RADIO
OFFENBACHER
LEDERWAREN
Frankfurt-M. 7 km

Zweimal der Blick von der Kaiserstraße/Kreuzung Frankfurter Straße in Richtung Hauptbahnhof. Links im Bild sind noch deutlich die Schäden aus dem Zweiten Weltkrieg zu erkennen.
Die Kaiserstraße, im 18. Jahrhundert einmal die Westgrenze der Stadt, hieß ursprünglich „Kanalstraße". Seit 1876 „Kaiserstraße", erhielt sie ihre volle Ausdehnung von der Bahnlinie zum Main mit der Fertigstellung der Mainbrücke (1887).

Stadthof mit Feuerwehrhaus. Auf dem Foto links ist die französisch-reformierte Kirche hinten in der Bildmitte zu erkennen, auf dem Bild rechts ist bereits der Durchbruch der Berliner Straße zu sehen. Das Feuerwehrhaus wurde im Jahre 1888 errichtet, 1921 erhielt Offenbach eine Berufsfeuerwehr. 1962 wurde die Feuerwache an der Rhönstraße in Dienst gestellt und das Gebäude am Stadthof mußte dem neuen Rathaus weichen.

„Apotheke Zum Löwen". Im Jahre 1770 eröffnete Andreas Amburger in der Frankfurter Straße nächst dem damals neu angelegten Paradeplatz (heute: Aliceplatz) eine Apotheke, die unter seiner Leitung 1804 zur „Hofapotheke" avancieren sollte. Als 1944 Brandbomben das Gebäude in Schutt und Asche legten, wurde die Apotheke in gemieteten Räumen weitergeführt. 1949 erstand sie dann am alten Platz neu.

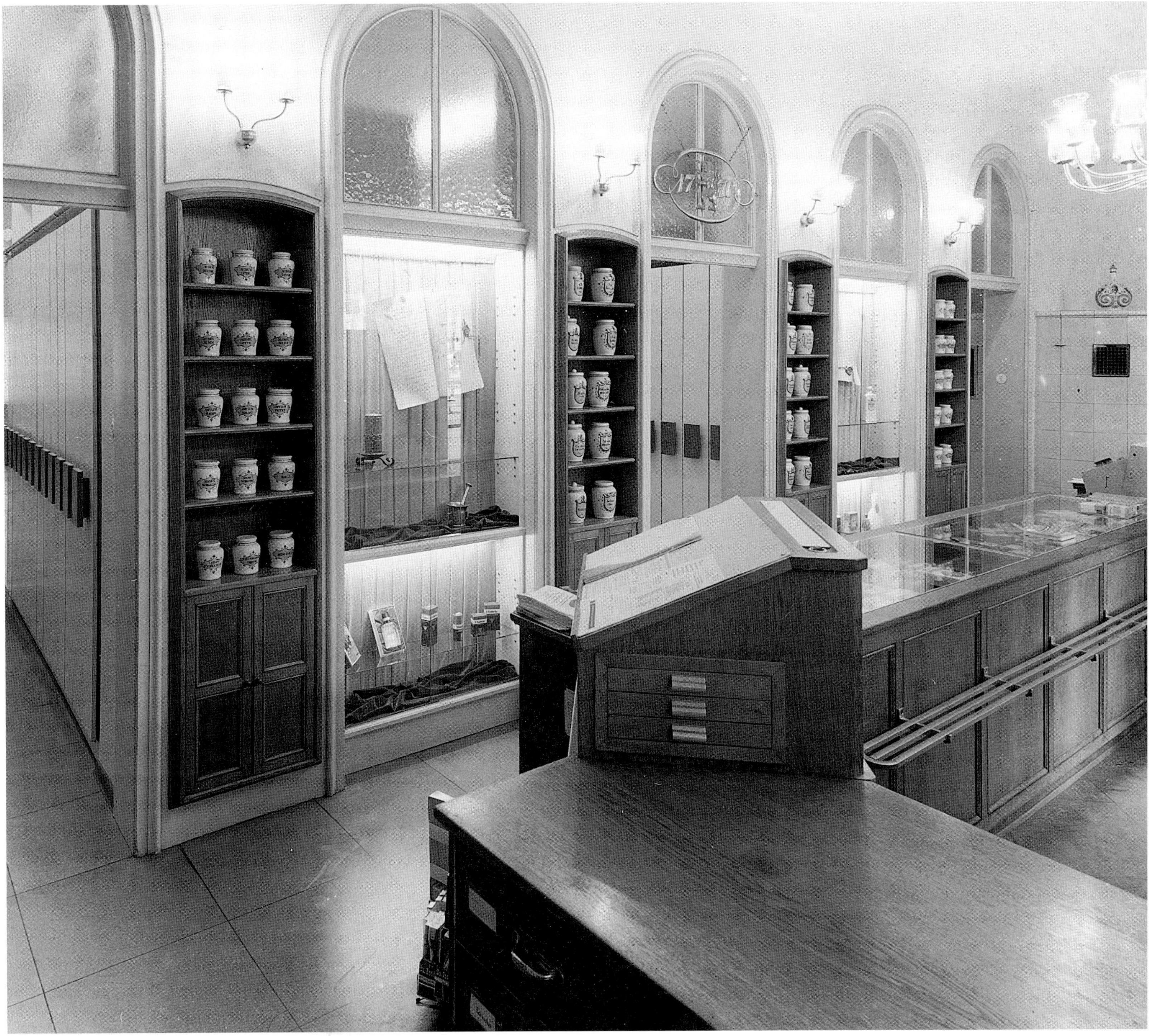

Foto rechts: Der östliche Teil der Frankfurter Straße mit der Einmündung auf den Markt. Diese Partie ist noch nicht die spätere „Laufgegend". Ursprünglich wurde die Frankfurter Straße zu Beginn des 18. Jahrhunderts angelegt, um den Durchgangsverkehr in die Stadt zu leiten. Im Laufe der Zeit entwickelte sie sich dann zur bedeutenden Geschäftsstraße.

Foto rechts außen: Frankfurter Straße mit dem Gebäude der Kaufhof AG. Das 1906 erbaute Geschäftshaus beherbergte zunächst die Firma Dullstein, dann ab 1929 die Leonhard Tietz AG, die 1879 gegründet wurde und seit 1933 als Kaufhof AG firmierte.
1953 wurde die neue Front des Hauses als „großstädtisch" gefeiert, 1967 erhielt die Fassade allerdings eine Verkleidung.

KAUFHOF
75
KAUFHOF
JAHRE
75
KAUFHOF
JAHRE
JUBILÄUMS-VERKAUF
JUBILÄUMS-VERKAUF
JUBILÄUMS-VERKAUF
KAUFHOF
Hüte Schäfer
G-10559

Gebäude der Industrie- und Handelskammer Offenbach am Main. Bis auf das Jahr 1821 geht die Geschichte der Kammer zurück. Damals wurde in der aufstrebenden Handels- und Industriestadt Offenbach durch ein „Reglement" der großherzoglichen Regierung Darmstadt eine Handelskammer errichtet. Das nach dem Zweiten Weltkrieg neu errichtet Kammergebäude wurde am 19. Juni 1959 eingeweiht.

Ecke Frankfurter Straße und Markt. Das Kaufhaus Kalberlah war bis 1936 im Besitz von Hugo Oppenheimer. Linker Hand ist Offenbachs älteste Drogerie von Colonius, Engelhardt & Seelmann zu sehen.

Frankfurter Straße in westlicher Richtung mit Kreuzung Kaiserstraße *(beide Fotos)*.
Die Öffnung der Stadt nach Westen erfolgte mit der Anlegung des Alice-

platzes (ehemaliger Paradeplatz) 1768 und der Niederlegung des Frankfurter Tores. Seit 1884 befuhr die „Frankfurt-Offenbacher-Trambahn-Gesellschaft" (FOTG) mit ihren Bahnen die Frankfurter Straße und seitdem

Frankfurt und Offenbach die Straßenbahn selbständig betrieben (1906), bestimmte die Linie 16 das Bild der Straße mit.

Foto oben: Die Herrnstraße in nördlicher Richtung mit Blick auf die Stadtkirche (1748 eingeweiht, 1943 zerstört, 1949 wieder aufgebaut). Auf der rechten Seite das Gloria-Kino, im Vordergrund kann man noch den Verlauf der Kreuzung mit der Frankfurter Straße erahnen.

Foto rechts: Im Oktober 1948 eröffneten die im Krieg zerstörten „Kurbel-Lichtspiele" in der Herrnstraße wieder ihren Betrieb mit dem Film „Maske in Blau". Damit besaß Offenbach, das in der Nachkriegszeit einmal als die „kinofreudigste Stadt des Bundesgebietes" bezeichnet wurde, wieder vier Kinos.

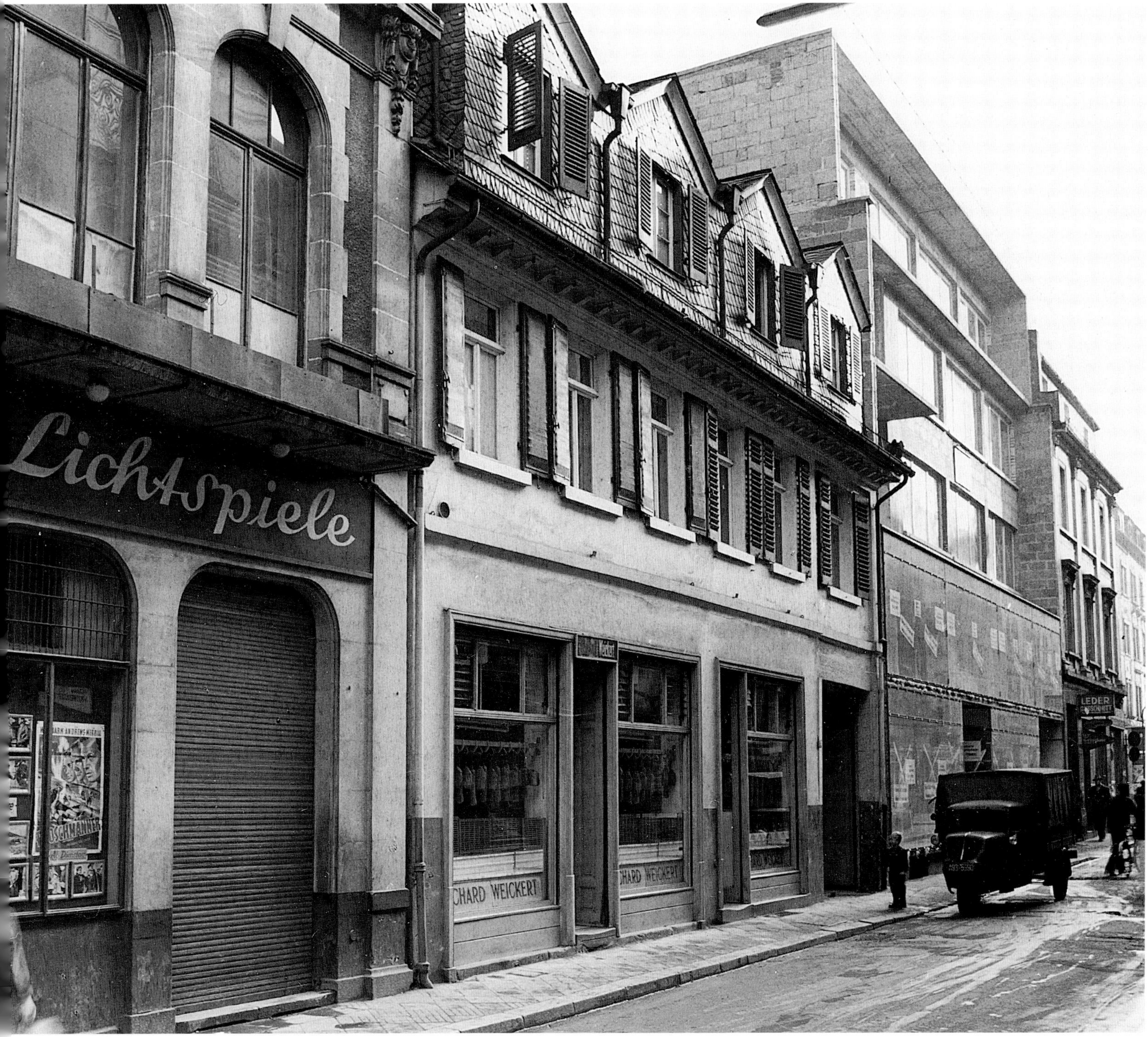
Lichtspiele
CHARD WEICKERT
CHARD WEICKERT
LEDER

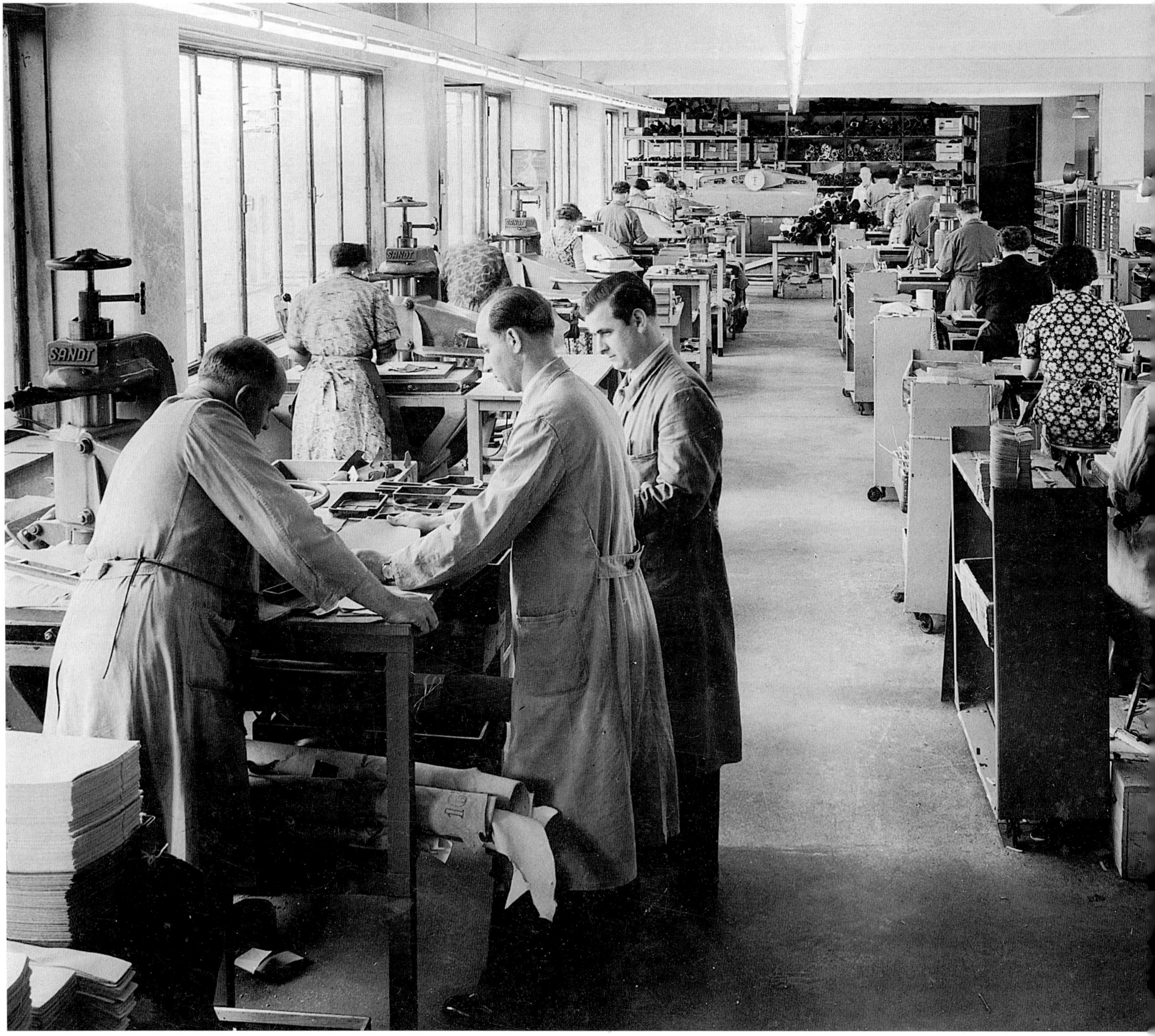
SANDT
SANDT
SANDT

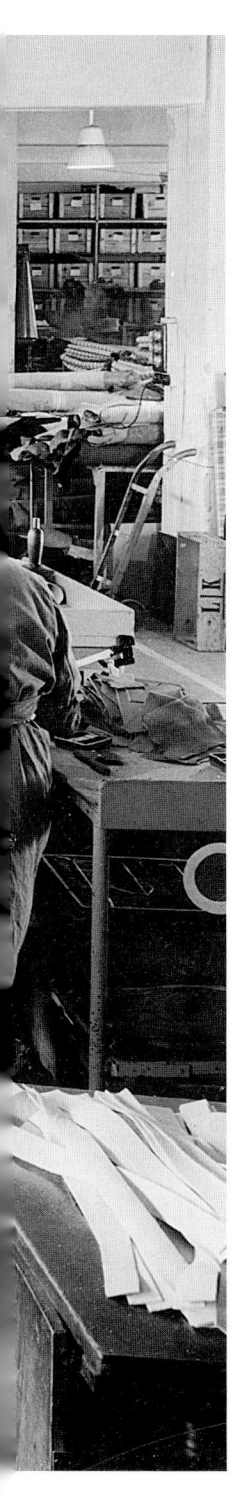

Mitarbeiterinnen und Mitarbeiter der Firma Gold-Pfeil in der Lederstanzerei *(links)* und an den Futterstoff-Schneidemaschinen.

Im Jahre 1856 gründete der Feintäschner Ludwig Krumm mit seinen sechs Söhnen und fünf weiteren Mitarbeitern ein Unternehmen für die Herstellung von Börsen und Brieftaschen. Damals konnte die Offenbacher Lederwarenverarbeitung bereits auf eine lange Tradition zurückblicken. Knapp hundert Jahre früher hatten hier schon Buchbinder und Riemer damit begonnen, „Portefeuilles" herzustellen.

1929 war für die Krumm AG das Geburtsjahr der Marke „Gold-Pfeil", der ersten Schutzmarke in der Lederwarenbranche. Ursprung dieser ungewöhnlichen Namensgebung war der Londoner Schnellzug „Golden Arrow". Nachdem das Werk zu 90% kriegszerstört war, wurde die Marke „Gold-Pfeil" 1950 bereits wieder in über 35 Länder der Welt exportiert.

Foto oben: Offenbacher Karneval (Umzug 1954 in der Frankfurter Straße).

Foto rechts: Prinz Reinhard Hauschild mit Ehefrau und Alfred Seeger (1951). Bereits im Jahre 1855 ging der erste Karnevals-Umzug durch Offenbachs Straßen. Seit 1949 war das Motto wieder „Komm und lach in Offenbach". 1954 schlossen sich alle Karnevalsvereine und Korporationen zum OKV (Offenbacher Karneval-Verein) als nunmehr „närrischer Dachorganisation" zusammen.

Foto rechts: Verkehrsregelung auf dem Markt. Bis zum Jahre 1957 dauerte es, ehe Offenbachs erste automatische Verkehrssignalanlage an der Kreuzung Kaiser- und Bernardstraße in Betrieb genommen wurde.

Foto rechts außen: Blick auf die Ecke von Markt, Bieberer Straße und Waldstraße mit dem noch eingerüsteten Neubau des Bekleidungsgeschäftes Frei. An gleicher Stelle stand bis zur Zerstörung im Zweiten Weltkrieg das historische Gasthaus „Zum Lämmchen".

49

Foto oben: Markt mit Blick in die Waldstraße.
Foto rechts: Markt mit Einmündung der Bieberer Straße. 1702 angelegt, war der Markt lange Jahre seinem Namen gerecht. Auch die Inbetriebnahme der Straßenbahn (1884) mit ihrer Streckenführung über den Platz hinweg hat daran zunächst wenig geändert. Zu Beginn des 20. Jahrhunderts wurde es allerdings für die Abhaltung von Märkten zu eng, durch den stark ge-

wachsenen Verkehr mußte 1927 gar das Uhrtürmchen, die „Zwiwwel", weichen. Nach dem Zweiten Weltkrieg blieb es zunächst bei der Linienführung verschiedener Straßenbahnen über den Platz.

52

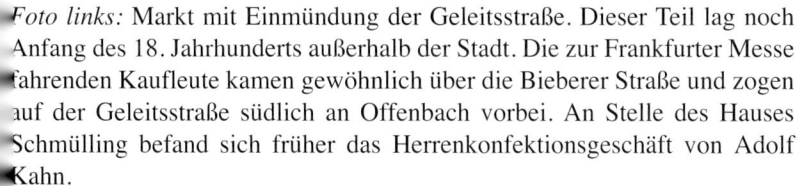

Foto links: Markt mit Einmündung der Geleitsstraße. Dieser Teil lag noch Anfang des 18. Jahrhunderts außerhalb der Stadt. Die zur Frankfurter Messe fahrenden Kaufleute kamen gewöhnlich über die Bieberer Straße und zogen auf der Geleitsstraße südlich an Offenbach vorbei. An Stelle des Hauses Schmülling befand sich früher das Herrenkonfektionsgeschäft von Adolf Kahn.

Fotos oben und rechts: Marktleben. In der zweiten Hälfte des 19. Jahrhunderts verlagerten sich die Märkte auf den „Neumarkt", der 1876 nach Kaiser Wilhelm I. „Wilhelmsplatz" genannt wurde. 1911 erhielt er an seiner Nordseite das Markthäuschen.

Fotos oben und rechts: Firma Faber & Schleicher in der Christian-Pleß-Straße. 1871 gründeten Louis Faber (1841-96) und Adolf Schleicher (1846- 1910) in Frankfurt ihr „Associationsgeschäft zur Fabrikation von lithographischen Schnellpressen etc.". Im Jahr darauf wurde das Geschäftslokal nach Offenbach verlegt und 1873 ein Fabrikationsgebäude in der Sedanstraße (spätere Christian-Pleß-Straße) errichtet. Daraus entwickelt sich ein Betrieb, der 1953 mehr als 1.000 Mitarbeiter zählte und seit 1957 als „Roland Offsetmaschinenfabrik Faber & Schleicher AG" firmierte.

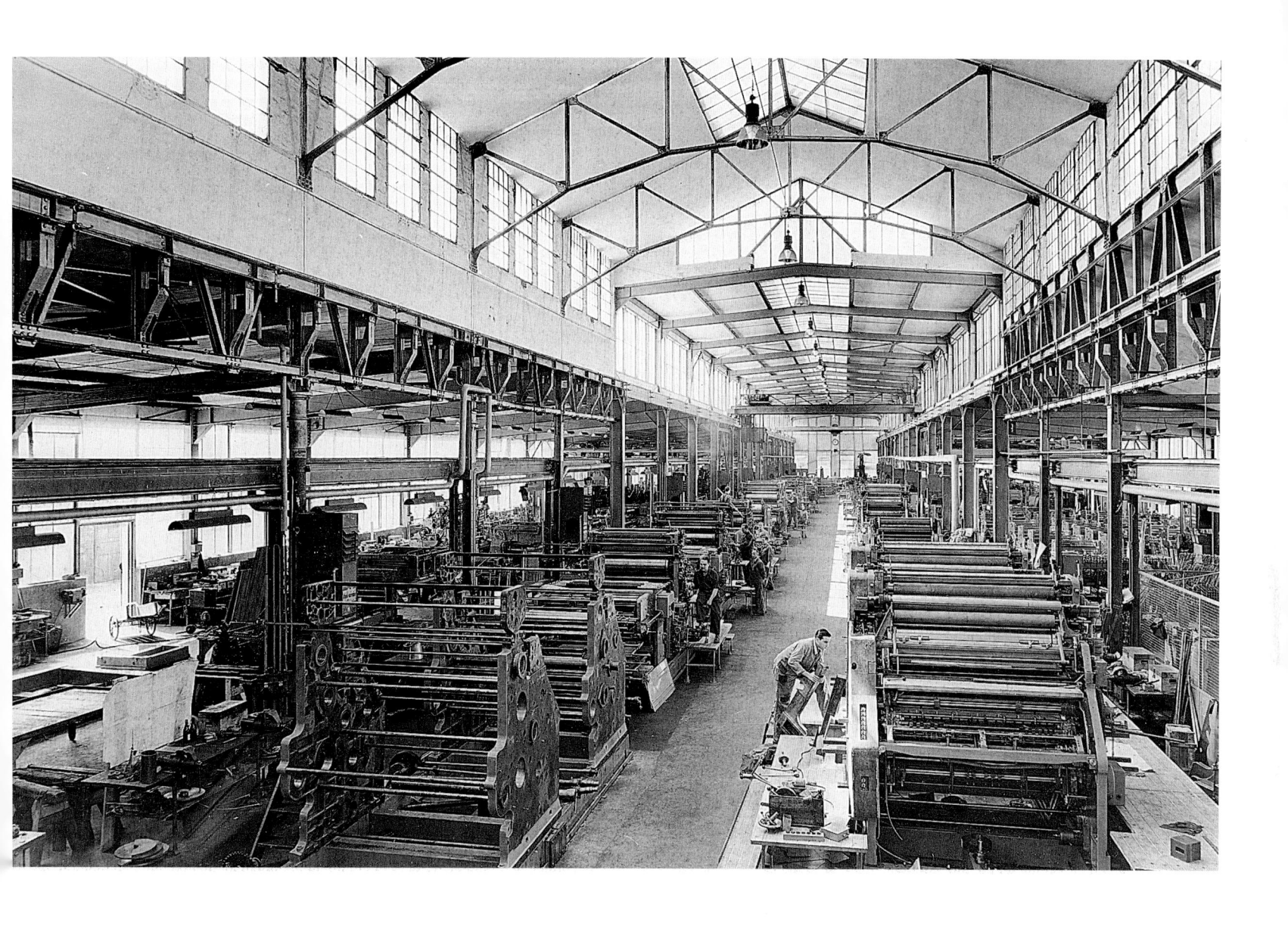

Kickers Sportplatz

Foto links: Grundstück der Städtischen Sparkasse an der Karl- und Bieberer Straße.
Das „Geburtshaus" der Städt. Sparkasse stand ursprünglich in der Glockengasse (1833). Nach der Zerstörung des späteren Sparkassengebäudes, der Villa Schramm, hatten die nachfolgenden Provisorien im Jahre 1955 ein Ende, als hier auf diesem Grundstück ein repräsentatives Bankgebäude errichtet wurde.

Foto oben: Die 1913 geweihte Marienkirche, wie sie sich im Blick von der Mathildenstraße darbot. Im Hintergrund sind noch einige Häuser der Bieberer Straße zu sehen.

Foto oben: Noch mühsam von Hand mußte der Straßenbelag aufgetragen werden.

Foto rechts: Der moderne Verkehr verdrängte die noch vor dem Zweiten Weltkrieg zahlreich vorhandenen Pferde und Gespanne aus dem Stadtbild. Lange noch zu sehen waren die Pferdefuhrwerke von Spediteuren, unter denen die Gespanne der Fuhrunternehmer Max Köhler bzw. Johann Führer stadtbekannt waren.

59

Fotos oben und rechts: OFC „Kickers" 1901 e. V. (oben 1950 und rechts 1959). Anfang und Ende der fünfziger Jahre feierten die Fußballer der Offenbacher Kickers ihre größten Erfolge, sieht man einmal vom Pokalsieg 1970 ab. Zweimal wurden sie „nur" deutscher Vizemeister, jeweils im Berliner Olympiastadion. 1950 unterlagen sie dem VfB Stuttgart mit 1 : 2 Toren, 1959 wurden sie von Eintracht Frankfurt in der Verlängerung mit 5 : 3 Toren bezwungen. Kickers-Vorsitzender, Amtsgerichtsrat Hans Winter, erklärte nach der Niederlage gegen den Lokalrivalen: „Wir sind besiegt, aber nicht geschlagen." Rechts (vorderer Wagen): Bubi Schepper (links), Karl Göbel (Betreuer, Mitte), Hansi Ricker, rechts (hinterer Wagen): Ferdi Emberger (links), Emil Maier (Mitte), Willy Weber. Links (Wagen): Dr. Bernhardt (links), Gerd Kaufhold (Mitte), Heinz Lichtl.

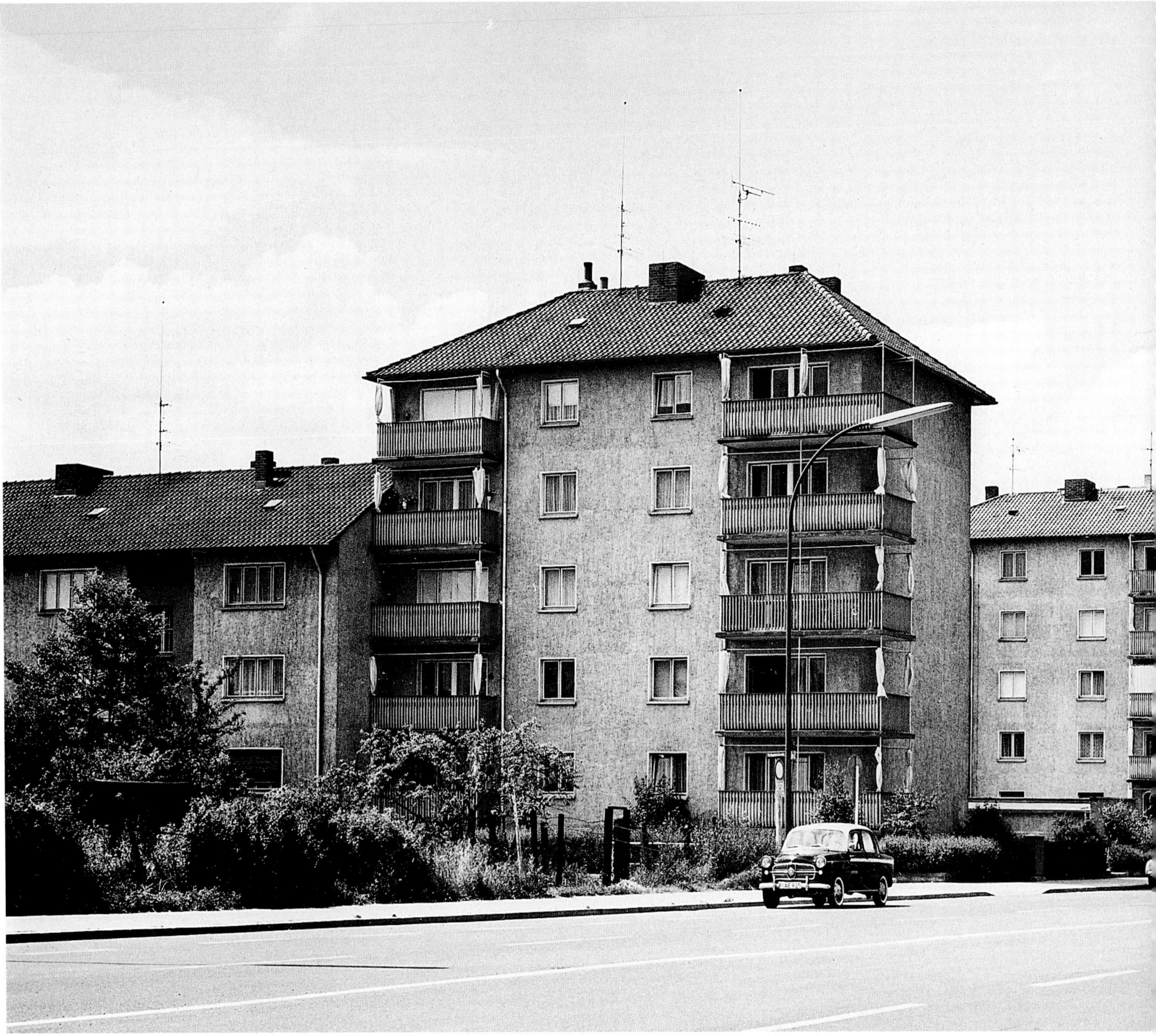

Foto links: Der Odenwaldring, ursprünglich als Umgehungsstraße geplant, wurde im Sommer 1962 in seiner vollen Länge für den Verkehr freigegeben. Damit sei, wie in der Presse zu lesen war, „die langersehnte gerade Verbindung der Sprendlinger Landstraße mit der Waldstraße" hergestellt worden.

Foto oben: Küche des Stadtkrankenhauses vor dem Umbau. Das Krankenhaus, das in den Jahren 1891-94 gebaut wurde, galt als eines der modernsten seiner Zeit in Europa. Größere Umbaumaßnahmen erfolgten 1957-65 im Rahmen des „Krankenhaus-Sofortprogramms".

Foto rechts: Offenbacher Maschinenbau bei Fredenhagen.

Foto rechts außen: MSO (Maschinen- und Schleifmittelwerke AG) in der Lehrwerkstatt.

Die Anfänge der sich später zu Weltgeltung entwickelnden Metallbranche liegen im späten 18. Jahrhundert, als die Gebr. Jägerschmid begannen, Stahlwaren herzustellen und die von Frankfurt zugewanderten Fabrikanten Dick und Kirschten die ersten Kutschen produzierten.
Die rasche wirtschaftliche Entwicklung Offenbachs, verbunden mit der Gründung der Handelskammer (1821), der Messe (1828-35) oder des Entstehens einer Lokalsektion des Hessischen Landesgewerbevereins (1846) führten zu einer Blüte der Metallbranche. Namen wie Collet & Engelhard, Faber & Schleicher, Heim, Heyne, Neubecker, Seebaß oder Schmaltz erhielten Weltgeltung.

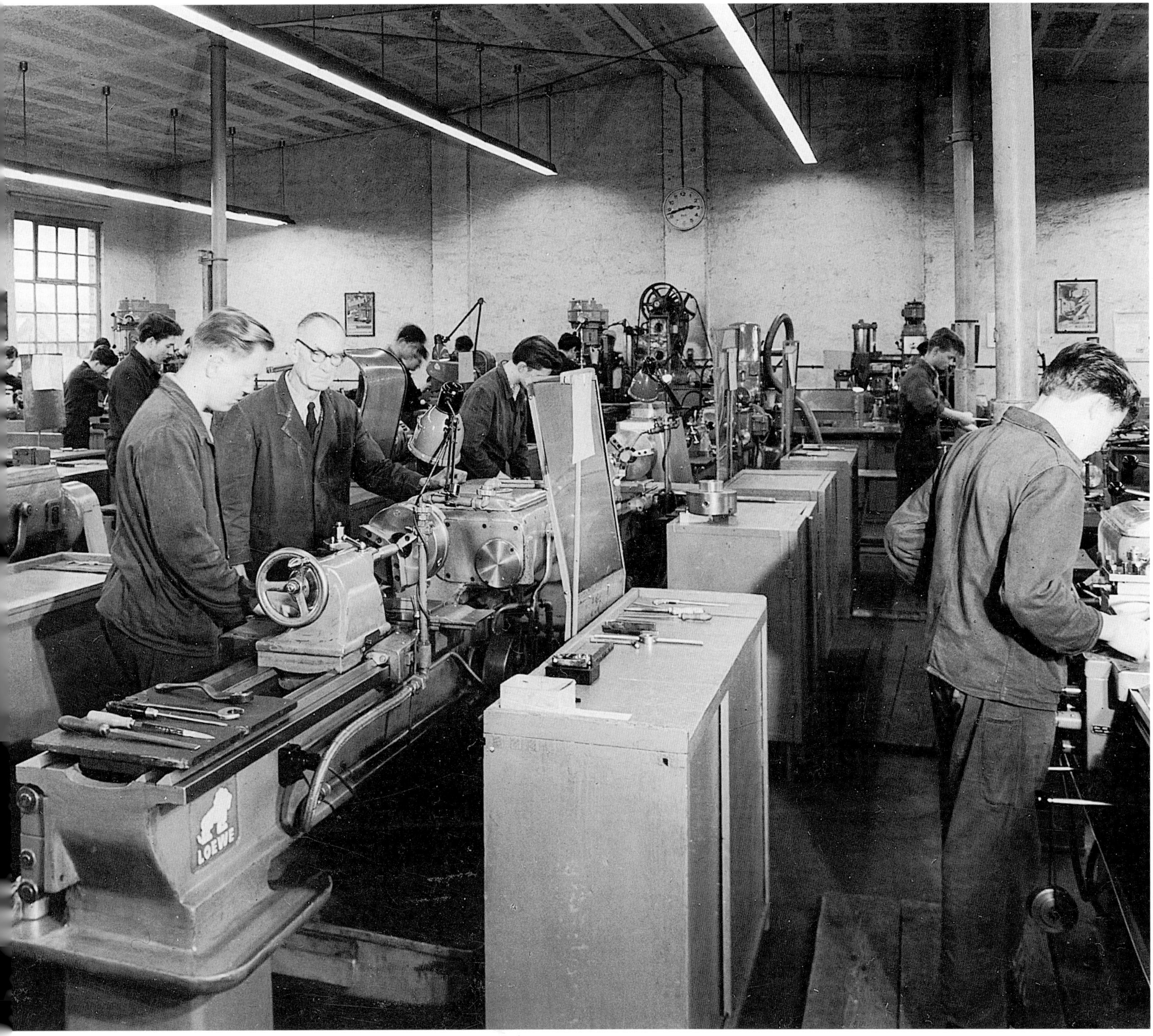
LOEWE

Bus in Bürgel an der Offenbacher Straße; rechts ist noch ein Stück der Langstraße zu erkennen. Bürgel wurde nach § 1 des Eingemeindungsvertrags „an dem auf die Betriebseröffnung der elektrischen Bahn von Offenbach nach Bürgel folgenden 1. April" eingemeindet. Die Bahn fuhr erstmals am 20. Oktober 1907 und am 1. April 1908 gehörte Bürgel zu Offenbach. Die neue Linie (von Bürgel/Schule bis zum Mathildenplatz) erhielt die Nummer 26. Am 28. November erfolgte die Zusammenlegung der Linien 26 und 27, am 17. Juni 1951 wurde die Teilstrecke stillgelegt und den Betrieb übernahmen nun die Obusse.

„Waggonhausen". Mit ausrangierten Eisenbahnwagen, die an der östlichen Mühlheimer Straße nahe der Bahnlinie aufgestellt worden waren, versuchte man, Notunterkünfte bereitzustellen. Der Volksmund nannte die Ansammlung flugs „Waggonhausen".

68

Foto links: Alte S-Kurve in Bieber mit Blick in die Seligenstädter Straße. Im 1938 eingemeindeten Stadtteil Bieber erlebten Hessens Turnerinnen und Turner vom 6. bis 8. August 1949 große Tage. Einer der Höhepunkte des Landesturnfestes war der Festzug durch die Straßen des Vorortes.

Foto oben: Bus im Stadtteil Rumpenheim an der Endhaltestelle Scharfensteinerstraße. Rumpenheim, 1942 eingemeindet, erhielt am 30. Oktober 1955 mit der Linie 3 eine Busverbindung, mit der man die 8 Kilometer lange Strecke zum Buchrainweiher ohne Umsteigen bewältigen konnte.

Foto rechts: Zwei Busse der Linie 85, die vom alten Friedhof nach Mühlheim am Main verkehrte.

Foto rechts außen: Gasthaus „Zum Schiffchen" in Rumpenheim. Die Wirtschaft geht in ihrem Ursprung auf das 17. Jahrhundert zurück. Durch die günstige Lage am Main war und ist sie ein beliebtes Ausflugsziel. Nur einen Steinwurf entfernt legt die Mainfähre an. Seit dem Mittelalter urkundlich belegt, wurde der Fährbetrieb früher von einem Nachen erledigt.

Foto letzte Seite: Beschauliche Idylle vor der französisch-reformierten Kirche, des ältesten unzerstört gebliebenen Gotteshauses. Die Vollendung der „Durchbruchstraße" (Berliner Straße) steht noch bevor (erster Spatenstich am 5. April 1960) und das neue Rathaus wird erst 1971 fertiggestellt.

71

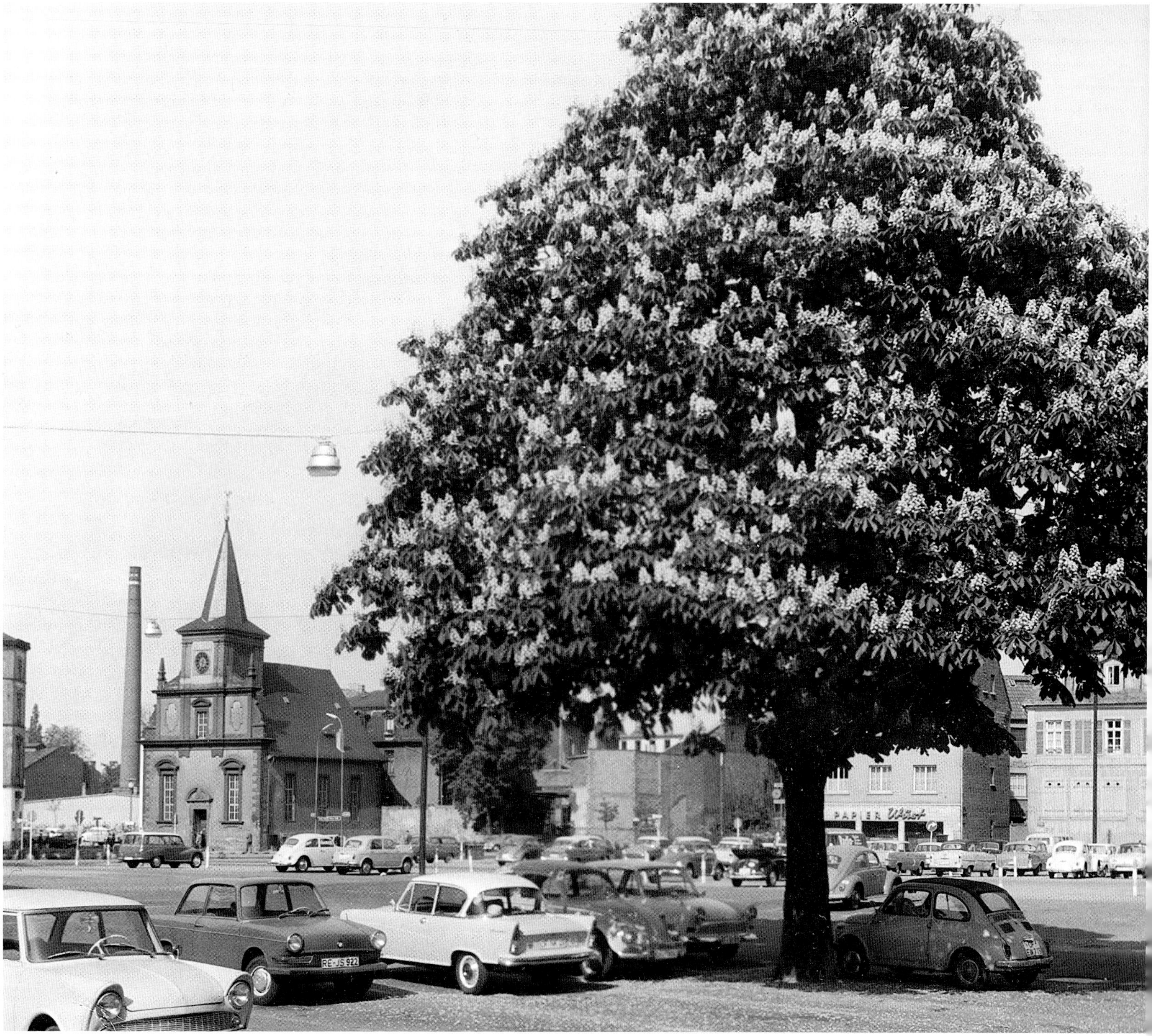
PAPIER
RE·JS 922